동화의 계절

동화의 계절

초판 1쇄 발행 2023년 8월 4일

지은이 김재원
펴낸이 장길수
펴낸곳 지식과감성ⁿ
출판등록 제2012-000081호

교정 이주연
디자인 오정은
편집 오정은
검수 한장희, 정윤솔
마케팅 정연우

주소 서울시 금천구 벚꽃로298 대륭포스트타워6차 1212호
전화 070-4651-3730~4
팩스 070-4325-7006
이메일 ksbookup@naver.com
홈페이지 www.knsbookup.com

ISBN 979-11-392-1235-8(03810)
값 12,000원

- 이 책의 판권은 지은이에게 있습니다
- 이 책 내용의 전부 또는 일부를 재사용하려면 반드시 지은이의 서면 동의를 받아야 합니다.
- 잘못된 책은 구입하신 곳에서 바꾸어 드립니다.

지식과감성ⁿ
홈페이지 바로가기

꽃이 한없이 피어날 때
　　꽃잎은 지는 줄 모르지

동화의 계절

김재원 시집

목차

또 하나의 사랑

또 하나의 이별	12	꽃보다 더 진한 향기	23
또 다른 사랑	13	무지개	24
비밀	14	가을 사랑	25
곁에 있어도	15	가을을 가지고 간 사람	26
사랑 그리고 이별	16	아름다운 이별	27
첫사랑의 기억	17	사랑은 집착	28
내 사랑 어디에	19	임의 향기	29
아직도 내 임은	21	인연	30
난 사랑 넌 우정	22		

괜찮아, 지금

지금은 괜찮아	34	빗물	41
산다는 것은	35	소낙비 속에	42
바람이 좋다	36	비 온 뒤 그대일까	43
내 고향 쇠평리	37	보트를 타고	44
도자기	38	길 위를 나는 새(모터사이클)	45
보름달	39	기타	46
바닷가	40	낯선 도시에서	47

제자	48	하얀 그리움	51
고운 여인	49	적벽가에서	52
미운 친구	50	조금만 천천히	53

동화의 계절 _ 봄이 오는 길

봄이 오는 길	56	채송화1	71
봄을 기다리며	57	채송화2	72
봄은 여기에	58	장마	73
봄이 왔었네	59	가을 향기	74
초로의 봄날	60	가을의 단상	75
봄 소풍	61	억새	76
순결한 벚꽃	62	낙엽	77
꽃샘추위	63	동백꽃	78
봄비1	64	겨울 앞에서	79
봄비2	65	첫눈	80
산수유	66	겨울비	81
토끼풀	67	눈 오는 날에는	82
데이지꽃	68	그대는 눈	83
봄날은 간다	69	사계절을 보내고	86
앵두	70	또 다른 계절	87

세월 _ 봄 여름 가을 그리고 사랑

인생	90	어머니의 노동	103
아버지의 봄1	91	어머니의 훈장	105
아버지의 봄2	92	조청	106
아버지의 겨울1	93	졸업 여행	107
아버지의 겨울2	94	호연지기	108
아름다운 추억	96	딸아이	109
부모	98	그때는 몰랐어요	110
아버지의 사랑	99	삶	111
어머니	100	어쩔 수 없지	112
그녀의 삶	102	참아야 돼	113

시, 당신의 노래 _ 사랑 그리고 노래

구절초	116	달빛 추억	122
사랑 그리고 노래	117	새만금	123
사랑	118	아카시아 피던 날	124
당신	119	섬진강에 그 사람	125
웅비하는 완주	120	사랑하고 싶어요	126
완주 사랑	121		

축사

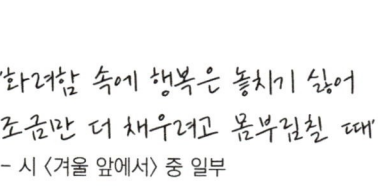
- 시 〈겨울 앞에서〉 중 일부

김재원 시인은 단 한 번만이라도 하늘의 바람을 입고 싶어도 곁눈질하는 햇빛에 자꾸 길을 잃어 가는 사람들에게 정직한 삶을 구체적으로 제안하는 시인이다.

마치 정호승 시인의 〈봄길〉에서 길이 끝나는 곳에서도 길이 되는 사람이 있고, 스스로 봄길이 되어 끝없이 걸어가는 사람이 있다고 했듯이.

김재원 시인의 시집에 덧붙입니다.

배우 천호진 올림

머리말

살갑게 마중 나온 봄에게
고마움을 느끼는 여린 마음

목련이 피면
벚꽃 필까 두렵고

진달래 철쭉 피면 장미 필까
걱정이 앞서다가

금계국이 고개 내밀면
왜 이렇게 밉고 슬플까요

소중한 추억들을 이별의 통로로
들어서기 전 현장성의 사유를 통해
봄 여름 가을 그리고 사랑
제4집 동화의 계절로
인생의 삶을 담아 홀로 감당해야 하는
이별의 아픔을 이젠 즐기려 합니다

존경하는 모든 분들
고단한 삶이 무거워도
한 편의 글 속에 꽃피어
시들지 않는 희망과 행복을
온 마음으로 손을 내밀어 봅니다

김재원

또 하나의 사랑

또 하나의 이별

벚꽃 흐드러지는데
분홍빛 웃음 속에
하얀 잎은
말없이 떨어졌네

고단한 삶
젊은 날의 초상들
고이 접어
하나의 별이 되었네

그대 떠난 자리
가장자리 가슴에 덧대어
그리움은
한 땀씩 꿰매지겠지

또 다른 사랑

찬바람 가슴의 멍울들을
굳어진 세월, 캐낼 수 없었던
마음이 흔들리고

눈물 얼어 밤을 지새웠던 날
따스함으로 감싸 안은 햇빛
착각 속에 주춤거리다가

기억할 수 없었던 하얀 머릿속은
또 한 번 사랑의 도전을
조심스레 용기를 내어.

비밀

하루를 기다리다가
가슴 깊이 심어 둔 그리움
애써 반짝이는 별 하나
애절한 눈빛으로
봄을 부르고

조심스레 맺힌 이슬방울
앞가슴 적셔 떠나기 전
그리움 하나 내어주자
그 임에게만
쉿!

곁에 있어도

곁에 있어도
혼자 걸을 수 없는
외로운 꽃길일까

곁에 있어도
그대 마음은 알 수 없고
읽을 수도 없는데

그때의 굳은 의지
가느다란 사랑의 끈은
실바람 속에 보일 듯

사랑한다는 목소리
맞출 수 없는 온도에
가슴만 태우네

사랑
그리고 이별

청명한 하늘 가을빛에
무엇 하나 모자랄까
심장 앞에 서성이는 바람

언젠가는 떠나야 하는
이별 속에서
우리 함께했던 추억들은
또 다른 느낌일까

형형색색 눈앞에 오늘같이
가슴 벅차게 행복했던 날
너무나 사랑해서 숨었을까

바람 앞에 가려진 잎새 하나
챙기지 못한 아쉬움
그대 사랑은 낙엽 속에 쌓여 간다

첫사랑의 기억

첫눈이 밤새 내리는 날
가로등 축제의 불빛도
가슴이 벅차 행복했었고

남들처럼 이별은 없을 거라고
숨소리 따스해 눈이 녹아도
오로지 사랑한 사람

한결같은 마음은 아니었을까
자꾸만 달라진 당신
진정 바람과 같은 사람이었을까
아꼈던 살점이 곪아 올 때마다
세월의 약을 삼키고 또 삼켰지

한 아름 꺾어 온 봄을
기뻐할 새도 없이
밤새 토해지는 낯선 소식은
풀리지 않은 추억
아직 겨울 앞에 던져진 바람일 뿐

지울 수 없었던 이름 석 자
소중한 만큼 별빛 뒤로
찾지 않을 만큼 세월은 지나가는데

내 사랑 어디에

자욱한 안개 속에 서 있는
너를 보았네
'갈까요' 아쉬움의 미소를
진정 보았네

촉촉이 젖어 가는 옷깃에
분홍 꽃잎은
향기에 붓을 들어 행복의
인연 그려 넣고

약속도 한 적 없는 우리는
서로 좋았고
더 채우려는 지나친 욕심은
재가 되었네

수줍어 미소 짓는 그대여
맑은 영혼은
견딜 수 없는 통증에
눈물 보이고

언젠가 그대 모습 보일까
철없이 기다리고
이 마음 끌어들여 온 힘을
다해서 지워 놓고

둘만이 알 수 있는 사랑
자꾸만 꺼져 가는 불씨
당신의 흔적은
재만 남아 버렸네

아직도 내 임은

새들은 하늘을 향해 날아가는데
그곳은 어디메일까
구름은 바람을 싣고 떠나가는데
그곳은 어디메일까

행여 내 사랑 찾아갈 수 있다면
두 손을 꼭 잡고 사랑한다 사랑해
우리의 희망을 넓은 하늘에
마음껏 널어 휘날릴 텐데

오랜 세월에 잊힐 만도 할 테지만
더 커져만 가는 마음은 왜일까
시린 가슴 기댈 수 없는 마음마저
현기증으로 가득하네

난 사랑 넌 우정

어릴 적 너의 모습은
나에게 행복한 사람
내 안에 빛났던 존재
흩어진 향기 가슴에 담아
꿈속을 걷는다

천연(天緣)이라지만
가깝고도 먼 사이
그녀의 눈동자는
샛별 비춰진 거울
능청맞은 눈웃음

높기만 했던 하늘에
설렘 속에 부푼 풍선
귀염으로 이어지는 미소
모든 것 안을 수 있지
내겐 분명 사랑이니까

꽃보다 더
진한 향기

모든 투정들도
넓은 가슴으로 품었지
알고 싶지 않지만
가을 넉넉함으로 빠져들고

다가온 낯선 계절
옛 임의 향기 아닌 향기는
절대
사랑은 줄 수 없다

거지 같은 사랑에
빠지지 않으려는 몸부림
활활 타올라
자존심을 잃었다

정녕 사랑했었으니까

무지개

긴 장마에 힘없이 늘어진 안개

숨조차 쉬기 힘든 여름날 볕을
하늘 높이 들어 올렸다

먼 길 떠난 임이 보일까

새로운 인연의 시작이런가
푸른 산 계곡에 시원한 물소리

찬란히 비추는 형형색색의 하늘

힘차게 웃고 있는 당신의 얼굴은
하얀 머리카락을 잊게 해 주었다

빨 주 노 초 파 남 보…

설레이며 또 세고 있는 일곱 색은
동심의 세계로 사랑을 세고 있다

가을 사랑

바람 타고 햇살 눈부시면
달콤해진 사랑이
익어 가는 소중한 내 사랑아

아름답고 짧은 이 가을날
그대 있어 사랑했고
행복해 마냥 웃었지

심장 속에 피운 가을 향기
눈물 한 방울 흘릴 새 없이
서둘러 추억 그려 넣고

파란 하늘 이름 새긴 구름
자꾸만 쌓이는 낙엽에게
가을을 묻는다

가을을 가지고 간 사람

푸르른 날 아름다운 날
바람에 물들어 떠나간 임

소매 끝 붙잡고 매달려 울던
잊을 수 없는 퇴색된 낙엽은

이별이 무서워 가을을 잊고
건너뛴 시간들 애써 찾지만

그렇게 소중한 지난 일들의
무뎌진 마음은 빛을 잃었네

이제는 원망도 그리운 시간
이제는 얼마나 기억을 할까

아름다운 이별

고샅티 걸쳐 앉은 갈바람
던져진 사랑으로 익어 가는
황금을 지닌 곡식들

길가에 주렁주렁 열린 감
홍조 띤 쑥스러움은 그댈
사랑하고 있음을

외치고 싶다 살 만하다고

저 먼 곳 손짓하는 깊어진 산
화려한 손끝에 시침질하고
한 땀씩 이동을 한다

아쉬워 조금만 더 잡아 보지만
붉어진 노을 잡고 떠날 거라면
가을에게 맡겨 버리자

사랑은 집착

바람이 꽃등을 타고 손을 내밀 때
따라가야 했었지
자존심이 뭐라고 고집부릴 때
잡아 줄 줄 알았지

봄 햇살 퍼질 때 활짝 피어난 꽃잎
기쁨에 얼싸안았던 날
세상이 내 것인 양 피어나는 봄을
움켜쥐었던 나

행복한 사랑은 영원할 줄 알았지
볼 수 있는 매력은
내 가슴에 살아 줄 당신은 슬픈
이별을 키웠지

이렇게 고운 날 당신의 향기 그립죠
날 걷어 내었어도
누가 볼까 살포시 여린 잎에 맺혀
사라질지라도

보고 싶은 그대 볼 수 있다면
맑은 이슬 핑크로 바꿀 수 있는데

임의 향기

창문을 두드리는 새벽바람은
임일까 설레게 잠 깨워 놓고
떠도는 구름에게 새침 피우네

먼 하늘 허공 속에 피어오르는
임 향기 그리워서 눈물질 때면
그 임도 그리워 눈물 흘릴까

고운 빛 눈 감아 가을을 보내고
그 임이 올 때까지 아껴 둔 산빛
숨 고르며 애태우는 청빈한 소녀

이 마음 알 리 없는 철없는 바람
자꾸만 이 가을을 흔들고 있는데
그럴수록 그리움은 한발 앞서 오네

인연

구름과
바람이
부대끼고 지쳐
비에 흙탕물 젖어도
거부할 수 없는

하얀 눈이
소복한 날
두 손 잡고
추운 줄 모르고
손난로 되고

훗날에
노을이 언덕 너머
기울어도
내일의 희망을
품고

해가 뜨는 날
다시
달과 별을 세다 잊고
하얀 머리카락
서로 쓰다듬는다

또 하나의 사랑 31

괜찮아, 지금

지금은 괜찮아

밤이 오지 않았는데
반짝이는 별 하나 떨어져
가슴에 꽂혔다

총소리가 나지 않았는데
심장에는 뺄 수 없는 총알 하나
긴 세월 박혔다

지금은 괜찮아

물보라 치는 가슴속의 눈물도
강가에 비친 수양버들
빗질로 딴청이어도

산다는 것은

눈뜨면
같은 일상

동쪽에 해가 뜨면
서쪽으로 하루를
익혀 먹이고

저 하늘 달에게
이야기 주머니
몰래 넘기고

한가해지면
차 한 잔에
마음을 개방하고

사는 의미는 어떠했냐고

바람이 좋다

살금 걸어오는
햇살을 뒤로한 채
바람은 와락 안기운다

이른 아침에 벌써
가슴에 가을을 물들인다면
포근히 안아 줘야지

들꽃 반기는 언덕 위에
설레는 사람과 커피 향을
붓 삼아 그림을 섞는다

오늘 같은 날

시간이 없다
변덕스러운 마음 변하기 전에
채비를 해야지

펑펑 눈 내리는 날
가득 채운 분홍빛 엽서
파랑 대문 집 앞에 데려다 놓아야겠다

내 고향 쇠평리

높은 하늘을 두 손으로 받쳐 든
소나무는 그 자리 그대로의
어머니의 가슴이다

흩어진 삶 속에 모아진 황토 땅
그 옛날 쇠와 금이 캐어진
일본인들의 소도시

굳건하게 지켜 온 이 마을 속에
어린 소년 소녀들의 웃음은
아련하게 퍼져 울리는 메아리

굽은 허리로 어린 소녀는
고난의 세월과 같이
반기는 80의 노인이 되어 지킨다

도자기

어둠 속에 고이는 하늘
한 방울의 비는 달빛에 절여도

힘들어도 말하지 않는
운명 속의 고통은 행복일까

그리움 서러움 한 보따리
누군가의 손에 뭉쳐진 삶

속살로 드러나는 이야기
단단함으로 굳어진 심장은

꽃으로 피울까
나뭇잎으로 머물까

땀방울 쓸어안아 놓일 곳
유약(留約)의 동행길은 어디만큼 기억할까

보름달

쓸쓸한 가을 앞에
서성이는 바람은
차가운 달빛을 흔든다

멀리 떠난 임의
반가운 소식 가득 채워 왔을까

가슴 가득 고인 그리움
일찍이도 떨어지는 나뭇잎 하나
뒹굴어 빠질까

까만 연못 속에 말없이 투영된다
곧
새벽이 올 건데

바닷가

쪽빛 하늘 떠다니는 구름
삶의 비린내를 가득 싣고
옥색 바다에 몸을 띄웠다

저 멀리 바다 끝 수평선
채워지지 않는 욕심은
휘어져 무겁기만 한 삶

머리카락 쓰다듬으며
위로하는 바람은
넓은 바다를 온몸으로 안았다

빗물

날마다 가을날 하늘처럼
맑을 수 없는 내 안의 삶은
초로와 같고

한때 사랑했던 젊은 날과
소중하게 간직한 사진첩은
지우개의 발길질도 담담하다

말없이 흐르는 세월처럼
다 안고 풀숲에 잠재우는
빗물

지지랑물과 같은 가슴속에
고여진 아픔 떠나보내며
철이 들어 가 익어 고개 숙인다

소낙비 속에

빗소리에 낯익어 뒤돌아보면
보이지 않는 모습에 다독이고
길 잃은 세월 기다림 여전하네

이별의 통곡 소리는 구슬프고
당신의 사랑 끊긴 지 언제인가
젖은 가슴은 언제 산뜻해질까

당신을 향한 그리움 굴레 속에
소낙비 속에 미친 듯 부르짖네
답답한 감정선이 마를 때까지

비 온 뒤 그대일까

온몸을 두드리는 빗소리에
바람은 삼킨 눈물 쓰다듬고
그리움 가득 고인 그대일까

작은 꿈 흔적 없이 사라진 날
고요한 밤거리를 헤매고
가로등 하나둘 세어 가다가

가슴에 머문 그대
언제나 잊힐까
행여나 그대일까
하늘은 까만 얼굴

내 사랑 머물다 간 그 자리에
채워진 추억들이 춤을 추고
단단히 박힌 고독감

우뚝 선 가로등 앞 멈춰진
비 온 뒤 찬 서리는 그대일까
하늘에 뜬 별들도 말이 없네

보트를 타고

바다는 뜨거운 태양을 업고
밀려오는 파도는 길을 비켜선다
갈매기를 불러 연주하는
작은 꽃은 옥색 빛을 가른다

가슴 속 응어리는
목청을 가다듬을 새도 없이
높낮이 없는 노래를 부르고
어느새 짜디짠 소나기는
얼굴에 박자를 맞춘다

숨을 몰아쉬는 바람 앞에
어느새 온몸이 하얀 물살 속으로
빠져들어 가고
이미 바다를 삼킨 지 오래
되새김질을 한다

길 위를 나는 새(모터사이클)

봄빛 부르는 햇살
길 위를 날아오른 노랫소리
바람도 벚꽃 흔들어
폭죽을 터트리며 반기는
사월의 아름다움을
욕심 가득 채워 볼까

산비탈을 넘고 넘어
길고 긴 고된 세월의 설움을
딛고 일어선 쑥부쟁이
녹색의 진한 향을 뿜어 올리고
새로운 희망을 가득 안고 달린다

지리산 자락 청은 저수지
은빛 물결 속에 폭 빠져 버린
마음은 벚꽃 타고 수영을 한다

가슴속 깊이 박힌 분노와 용서
심연에 내려 씻고 희망 가득 싣고
길 위를 가벼이 날아오른다
봄빛 내리쬐는 저 하늘로

기타

손끝의 떨림은
훨훨 타오르는 희망
애써 뒤돌아 걷고 또 걷는다

설렘도 오기 전에 떨어지는
꽃잎
늦가을도 아닌데 떨어지는
낙엽

가느다란 철삿줄에
여린 마음 튕기며
내 삶의 통증으로 다 안으리

봄 여름 가을 겨울을

사계절이 얼마만큼이야
그립고 그리운 임이
저만치서 웃고 있을까

낯선 도시에서

작은 새싹들의 아픔들이
여린 가슴 한편에
멍들어 갈 때

우연하게도 찾아온 인연
좋은 만남으로
처음으로 찾아든 도시

쌀쌀한 바람이
쓸쓸한 가을날
쓴 커피에 듬뿍 넣은 설탕의
단맛으로 초조함을 버리고

기다림은 서툴지만
달콤함은, 희망은
오랜 기다림도 행복
익숙한 음악 소리 울릴 때
귀에 익은 목소리는
마음을 안정시키네

제자

인생은 바르게
강론받으며
연마된 동공을 흔들어
나무에 기대섰고

성품을 물들인
세월에 늙어 가는
중년의 날개는
곱게 물들여 반짝이네

고운 여인

동그란 눈빛은 호수에 빠져
하늘에 별들과 속삭인대도
까만빛 물속에 스며든대도
도시의 여인

뽀오얀 살빛은 밤하늘에
달그림자 까맣게 서성거려도
환하게 밝혀 줄 화등 같은 임
포근한 여인

단아한 차림의 가슴 한편엔
살굿빛 뺨 위로 눈물 터질까
자꾸만 곁눈에 담아 놓는다
그 임은 알까

미운 친구

떠나간 친구가 그리울 때면
속깊이 간직한 추억 꺼내어
달빛을 붙잡아 낙엽 줍는다

영원히 내 곁에 있을 거라던
친구는 내 마음 길들여 놓고
홀연히 떠나가 대답도 없네

햇살이 뜨거워 부담 주었나
세월이 무거워 숨어 버렸나
바람이 푸른 잎 갈라 놓았네

창문에 빗방울 두드려 오면
익숙한 목소리 귀 기울인다
친구가 밉다고 하면서도

하얀 그리움

철없던 아이는
하얀 그리움 남긴 뒷모습에
여린 마음은
해 지는 줄 모르고 발자국을 세고 있었다

하얀 그리움은
평생 가슴에 살아 숨 쉴 때마다
아파 오는 통증은
오랜 세월 속에 무뎌진 마음 즐겨 보지만

그때가 그립다
뽀드득 어느새 뒤돌아보는 몸
정녕 당신일까
하얀 미소 머금고 저만치 서 있는 당신

잊었을 뿐이지
잊지 않았다고 설렘이 가득한 날
까만 구름은
또다시 기억 헤매는 세월에 머문다

적벽가에서

바람이 나를 태우고
뒹구는 낙엽 가을 실어
굽이굽이 새겨진 세월 속에
누워 있는 적벽

옛 선조들의 수많은 시간들의
억겁의 사연들은 유유히 흐르는
물결들이 그림을 새겨
간직하였을까

내일을 모르고 서 있는
이 자리 어떤 생각으로
아름다운 추억을 새겨 놓을까
낮달은 초저녁 옷을 껴입는데

조금만 천천히

기다림도 없이
화려한 옷 휘감더니
바람 타는 향기들은
모여드는 인파에
멀미를 한다

비지땀을 흘리는
꽃잎은 동공이 흔들려도
아름답게 웃는다
온몸이 흔적 없이
사라지는데

동화의 계절 _ 봄이 오는 길

봄이 오는 길

입춘 지난 찬 바람은
밀봉했던 기다림을 쉽게
열지 않는다
성급한 마음
남은 겨울 살짝 던져 볼까

잠깐 다녀간 봄비는
잠들었던 땅을 깨우고
연둣빛 가슴에 젖는다
숨 고르며 달려오는 봄에
사랑 행복 가득 심어야지

소박하게 웃고 있는 봄꽃들이
바람과 포개어지는 날
그 임 목소리 들릴까

들썩이는 어깨는
벌써 설레는데
햇빛은 잠깐만이라네

봄을 기다리며

찬 바람 속에서 초록의 입김은
살짝이 내려온 이슬을 깨우고
숨죽여 기다린 당신의 햇살은
그 옛날 내 사랑 그 모습 그 미소
살갑게 다가와 온몸을 안았네

긴 세월 심장이 무뎌진 속내들
마음을 드러낼 엄두도 못 내고
봄 냉이 뿌리에 묻어 둔 세월에
꽃망울 툭 터져 바람이 부는 날
네 향기 그리워 목 놓아 울었지

수줍은 들꽃들 바람이 부는 날
내 사랑 온기는 찾을 수 없지만
내 사랑 마음과도 같은 바람이
길들인 사랑에 견딘 지 오랜데
낯선 향기는 언제나 젖을까

먼 훗날 지나고 세월이 늙어도
풀잎이 자랐던 여리고 예쁜 날
환하게 퍼지는 전율의 꽃등은
그 시절 설익은 사랑의 다툼도
복사꽃 날리며 달래 줄 수도 있지

봄은 여기에

한낮의 따사로운 봄빛의
곁눈질로 지날 수 없는 바람
내키지 않는 마음이지만
슬쩍 양보를 해 본다

젊음의 한때를 위풍당당하게
온몸을 회초리로 다스린 바람
거부할 수 없는 여린 잎들은
감히 고개조차 들 수 없었지

가슴속에 살며시 억지 부려
새벽에 누가 볼까
얼었던 마음 녹이며 잠이 들었고
눈뜨면 창문을 볼 수 없던 날

깊게 묻었던 초록 잎 향기
보태어 땅 위로 이젠 올려 본다
눈이 하얗게 쌓인다 해도
봄 앞에는 웃을 수 있으니까

봄이 왔었네

안개 자욱한 어느 날
그 임이 왔었네
그동안 어떻게 살았을까
궁금했을까

누구도 볼 수가 없고
느낄 수 없지만 사랑했었기에
익숙한 향기가 코끝에 머문다

갈 수 없는 먼 나라가 머릿속에 와
이별 속에서 그리웠던 날은
하나의 보석이 되어 버렸지

하얗게 내리는 겨울
차가움을 모르고
덥석 안았던 젊은 날이 그립다

서둘러 사랑의 씨를 뿌리기에는
열정이 돋아나질 않는 지금
뿌연 안개는 겨울비 속에 감춰진다
너무 늦었음을 알기에

다시 봄은 오겠지

초로의 봄날

봄 햇살 가득 머물고
이른 아침
목련을 흔드네

하루를 살아가더라도
정갈한 순백색의 사랑 앞에
가둬 둔 행복

짧은 인생이라지만
그대와 함께라면
우린 두렵지 않지

봄 소풍

비라도 내릴까
밤을 설친 꽃들은
봄 햇살 가지런히
설렘 품어
향기 내어 줄을 선다

살랑살랑 불어오는
바람은 길을 안내하고
벌 꽃 나비 입맞춤에
길을 잃은 꽃잎들
서둘지 않아도 좋아

늙어 가는 세월에
꽃 지면
해찰도 할 수 없는
무뎌지는 마음도
안내받지 않은
그 자리 서 있을 거니까

순결한 벚꽃

아름답다 예쁘다 하니
햇볕의 조율을 무시하고
앞다퉈 속살까지 보였다

첩이 첩 꼴을 못 본다나
눈물 없이 다투다가
떨어져 나뒹굴지만

바람은 벚꽃의 향기 빌어
철쭉에게 알고 있는
이른 강의로 잘난 척이다

꽃샘추위

사랑빛 곱게 물들어
색깔 내기에 분주한데
바람은 발을 구르고

이미 다 줘 버린 사랑
더 이상은 줄 게 없는데
앙감질로 귀엽다

겨울 흉내를 내 보이는
바람 앞에 봄은
이미 사랑이 시작되었다

봄비[1]

꽃을 한 아름 안겨 줘도
보이지 않는 목마름에
또렷한 색깔 입혀
마음속에 스미네

오랫동안 그리움에
뭉쳐진 가슴 한쪽에
촉촉하게 토닥이는 날
믿어도 될는지

평생 놓지 못할 그 사람
풀밭 길이라도 혼자서
걸어 볼까
잠시 봄비에게 맡기고

봄비[2]

별 탈 없었는지
그 사람 소식이
흡족하게 들리네

녹색 잎 입김으로
창백한 얼굴에
화색이 돌아온다

산수유

옛 겨울 구름 안에
담은 사연
한 잎씩 수를 놓으면

바람은 고개 들어
흩날리는 옷가지
챙겨 놓고

노란 꽃잎
가슴에 햇살 한 줌
뿌려 놓는다

토끼풀

녹색 잎 파란빛 세 잎 위에서
마음속 행운빛 네 잎 찾아요

내 사랑 순수한 토끼풀 엮은
반지는 소녀의 모습 설레고

부족한 우리들 사랑 튕기며
하얀 꽃 손등에 백년의 언약

소중한 행복을 가득 채우리
심장이 성숙된 너를 안으리

데이지꽃

천진난만한 수줍음은
바닷바람에 흔들리고

가슴 가득 머문 미소는
순수함으로 다가온다

아직은

해맑게 웃어 주는 낙조
이별을 알 리 없는 미소녀

하얀 웃음 속에
빗물은 고이지 않기를

봄날은 간다

자존심도 버릴 만큼
이 꽃 저 꽃 향기 들여
온갖 사탕발림해 놓고
빠른 열차에 몸을 실은 봄

처음과 낯선 바람은
일렁이는 가슴을
다독일 새도 없이
오히려 이별을 서두른다

수많았던 꽃가지
눈앞에서 멀어져도
지켜만 볼 수밖에
아직도 할 일은 남았는데

앵두

하늘빛 머금고
익어 가는 사랑

유혹에 빠져든
새콤한 단맛은

수줍기만 한 아이

초록 잎 그늘 뒤로
설렘을 감추지만

보이네

초여름과 사랑은
시작되었음을

채송화[1]

싸릿문 울타리
작은 아가씨
앙증맞은
미소

뙤약볕 숨 고르는
벌 나비들
바라만 봐도
즐겁다

같이 있고 싶어
새집으로 옮긴 날
아팠다

아주 많이,

채송화[2]

메마른 땅에서
그 임 웃음소리
들리네

작은 몸짓으로
꽃등을 세우지만
자존심을 잃은 풀빛

바라만 볼 수
있어도
행복하니까

사랑하니까

장마

한여름 날의 뜨거운 태양을
토닥이려 왔지만

좀처럼 풀리지 않는
엉킨 마음이었을까

가느다란 마음은 며칠째
온몸으로 묵묵히 적신다

가을 향기

햇빛은 따갑지만
녹색을 흔드는 바람은
색깔 고르기를 반복
분주하기만 합니다

풍요로운 열매를
땀 흘리며 덧칠하는데
욕심을 부려도
부족해도 만족입니다

가을

분명히
가을 향기는 짙어질수록
외롭고 쓸쓸하지만
즐길 수 있는 나이가 되고

채워지지 않는다고
바람에게 투정 부리는 작은 들꽃
이미 오래전에 누군가를 본 듯
넉넉한 미소로 지켜봅니다

가을의 단상

조금이라도 더 주려던
사랑
당신의 마음을 알기에
태연한 척하지만

아파 오는 전율은
온몸의 현기증으로
앙상한 가지에 기대어
속울음 운다

바람을 휘감은 이별
차마 밟을 수 없는 낙엽
가슴에 담아
추억으로 쌓이는 날

저 멀리서 손짓하는
억새는
기울어 가는 석양에
이미 은빛 머리를 맡겼다

억새

은빛 머리 곱게 빗어
파란 하늘 바라보고

먼 길 떠난 추억들이
빈 가슴에 채워질 때

그대 생각 눈을 감고
기다렸던 오랜 세월

털리고 텅 빈 마음은
질긴 인연 목줄 감고

가느다란 손끝에서
숨은 바람 스산하다

낙엽

작은 새싹들의 아픔들
작은 꿈을 새긴 푸른 잎새
아침 햇살은 단단함으로
모진 세월에 물들이고

고픈 사랑 방황하던 바람은
정열을 쏟은 붉은 사랑 앞에
갈 길을 잃어 서성이고

사랑을 견디려 몸부림쳤던
시린 가슴 안고 비켜선 노을도
낙엽에 얼굴을 묻고
떠밀려 나뒹굴고

떠난 자리 몸 데우는 억새는
애써 외면하지만
비워진 가슴에 눈물이 가득하다

동백꽃

발끝이 닿은
온몸을 차갑게
휘감지만 분명
봄바람인걸 동백은
설렌다

따사로운 햇살은 꽃을
두드리기 미안했을까
동박새의 입김으로
빨간 사랑을 맺는 작은 멍울

벌써 이별의 아픔이
두려운 걸까
차가운 눈물 얼어 갈 때
하얀 임 기대 볼까

열정 속에 툭 떨어지는 몸
빨간 치마폭에 속살 감추고
애타게 부르는 사랑 노래
붉은 뺨 달아오른다

겨울 앞에서

화려함 속에 행복은 놓치기 싫어
조금만 더 채우려고 몸부림칠 때
밤하늘의 별들은 서리를 세고 있다

쪼아 대던 새들에게 숨어 버티다
상처 난 홍시도 고운 빛을 잃어 가고
이미 낙엽은 추억을 쌓고 있는데

늦은 밤 블랙커피는
밤새 생니를 앓는 온몸의 고통은 더해져
하얗게 밤을 새운 이른 아침

오늘따라 차갑게 다가서는 바람
자꾸만 가을옷을 갈아입히는데
곁눈질하는 햇빛은 얄밉기만 하다

첫눈

그립고 그리운
당신의 입김은
창가에 서성이고
시린 마음 그려 볼까

내 안의 가득가득
채웠던 너
밤새 안고 걸었던
설렘은 어디로 갔을까

첫 만남이 낯설어
다가설 수 없는
반가움은 나뭇가지에
소복하고

세월 속에 지친 몸
뒤엉키고 그리웠던
마음 하나 풀릴까
조심스럽게 담아 본다

겨울비

회색빛 구름이 궁금하다
가득 채워 줄 포근한 사랑
그대에게 안기고파

온몸이 바람을 막지 못한
원망도 사랑이었다고
말하고 싶었음을

차갑게 한 줄기 선을 그었다
미련의 추억이 씻기어도
차가워진 당신의 마음이기에

눈 오는 날에는

온몸이 얼어도 추운 줄 모르고
정겨운 웃음은 눈 속에 쌓이고
강아지 덩달아 콧노래 부르네

이렇게 눈 오는 날에는
동심의 이야기 여행길에
빈 마음 하얀빛 채우리

하얀 눈 쌓이면 보고픈 친구들
이름을 써 보며 어떻게 지내니
궁금한 짝꿍이 그립구나

붉은 뺨 올라도 마음은 순수해
이 마음 이대로 소녀이고 싶은
마음들 숨 쉬는 겨울날이었지

그대는 눈

소복이 오신 임
햇살 받아 반짝이고
너무나도 아름다워
눈을 빌어 그림을 그려 봅니다

보고픈 내 사랑
미소 짓는 예쁜 얼굴
너무나도 사랑스러워
귓속말로 사랑을 속삭입니다

그러나

내 임은 떨었죠
그대 사랑 뜨거우면
천상에서 봄이 된다죠
잊었네요
그대가 눈이라는 걸

그러나

내 임께 이별을
원치 않는 슬픈 이별
아름아름 사라졌네
잊었네요
그대가 눈이라는 걸

사계절을 보내고

초가집 지붕 하늘의 보금자리
일평생 엮어진 사연들 애달픈
사계절 퇴색진 지푸라기 끝은

어느새 하얀 빛바랜 처마 끝의
자식들 걱정으로 애잔한 눈물
가슴속의 지워지지 않는 서리

고운 임 고운 손은 주름진 삶
하얗게 수놓은 머리카락 끝은
고단한 사계절 액자 속에 묻혀

삼백예순 날 사계절 놓은 당신
모시 적삼 가벼이 훨훨 날아 봐요
자꾸만 뒤돌아보는 임 어찌하나요

이제는 까만 밤 달 속에서만
볼 수 있는 그대를

또 다른 계절

그대 안에 길들여진
몸뚱이 하나
꿈속에서 헤어지는
연습은 반복되어도
눈뜨면 미소 짓는 그대

긴긴 밤하늘 별들에게
거짓말을 하지
나보다 더 좋은 사람 만나
행복하라 했다고

찾아온 봄이
예쁜 꽃을 가슴에 안겨 줘도
익숙하지 않은 향기라면
의미 없는 계절

다시 오기엔 너무 멀어
갔던 길을 찾을 수도 없는데
그때 박힌 유리 한 조각
아픔이 더 좋은 이유는

세월 _ 봄 여름 가을 그리고 사랑

인생

머리카락 쓸어 올리며
모진 비바람 속에서도
콧노래는 뜨겁게 심장을 열고

녹색 잎 꽃들의 향연은
고운 빛 햇빛 드는 날
빨갛게 익어 굽어진 세월

내민 손 잡을 수밖에 없고
초록바람 앞에 지친 이슬은
숨죽이고 체념한다

밤새 걸어도 자꾸만 희미해지는
새벽달은 눈물 삼키는 하얀 미소
조금만 더,
초대받지 않은 금계국이 웃는 날
코스모스는 살며시 고개 든다

아버지의 봄[1]

노쇠함이 보일까
잠시 길을 잃어 찾아온 임
서둘러 봄을 안고 왔지만
새 희망을 심을 수 없어
어정쩡하다

노랗게 피어나는
수선화를 심으려니
서리꽃이 서성이고
활짝 핀 황혼빛은
길을 애써 찾는다

아버지의 봄[2]

째내고 오느라 늦게 온 봄
기다린 프리지어와 맞이했던
앞마당 화단은 어정쩡하다

연두 잎 뾰족이 고개 들 때면
나물 바구니 서둘러 챙겨
딸 손잡고 아지랑이 따라나섰지

바람이 부는 대로
그네를 타는 흥겨운 노랫소리는
해맑은 사춘기 소년이었는데

그렇게도 좋아했던 봄은
냉정히 계산되는 세월
남에게만 올 줄 알았는데

물기 마른 몸에
수액 한 방울 한 방울
봄을 부르기엔 숨이 가빠 오고

체념할 수밖에
자꾸만 황혼빛에 감춰지는 봄
봄꽃 대신 치매 향 가슴에 이슬 적시네

모두 기다리고 있는데

아버지의 겨울[1]

바람 속을 뚫고 내린 하얀 눈꽃
맞으시면서 출근길 서두를 때
아버지 보조개
동쪽에 맑게 뜬 거울과 같았었지

아버지처럼 따뜻한 사람과
이담에 크거들랑 시집간다고
기대 살았던 추억들
그 모습 가슴에 새겨져 눈물짓네

자식들 비타민에 행복했던 당신
꽃피워 웃으시던 그 모습은 어디
세월의 주름은
굽이진 세월 속 가냘픈 내 아버지

세월은 숫자만큼 삶의 흔적 남겨
바람에 굽이쳐진 굳어 버린 삶도
사랑이 가득히 채워진 당신 앞에

약해져 흔들리는 잎새 속에 기억
언젠가 떨어지는 낙엽 속에 당신
얼마나 웃을까
빛나는 표적들 흐릿한 기억들을

아버지의 겨울[2]

찬 바람을 적응 못 하고
이불 속에서 학교를 서두를 때
큰 기침 소리는
토방에 세워진 기둥을 흔들고

바람을 휘감고 내리는
눈꽃과 출근하는 모습에
깊게 자리 잡은 보조개는
동트는 해와 같았다

예쁜 자식들만 행복 속에
꽃피워 행복할 때

세월의 숫자만큼 셀 수 없는
주름은 떨어지는 낙엽처럼
온기가 없다

눈이 올까
설레는 마음보다 걱정부터
줄을 선 오늘

주간보호센터의 차를 기다리시는
아버지의 알람은 서툴러
자꾸만 서산으로 기울어 희미해진다

아름다운 추억

눈이 내리는 날
산골에는 고립된 작은 마을
예배당의 불빛은
배고픔의 희망
크리스마스 덕에
냄새로만 맡을 수 있는
과자는 긴 겨울밤의 행복

이맘때였지

하얀 눈을 더 빛나게 한
지금의 바람의 여인에 반해
외나무다리
여자의 일생 등
하얀 눈이 내리는
굴뚝에 앉아 구슬프게 불렀다
그녀의 창문이 흔들거릴까

수액이 넘치는 나무
그 시절

바람의 여인
장딴딴이를 하모니카 음률에
평생 실었지
희미해지는 기억 속에
분명 잊을 수 없는 추억

80이 넘은 나무에
매달린 새가 쪼아 꽁꽁 얼어
붙은 감 닮았지
곁눈질하는 바람의 여인
분명 애증이다
바람이 세차게 불어도
지팡이를 챙기며
눈을 쓸고 계시는 아버지

주간보호센터 차를
기다리는 바람의 옆구리엔
손때 묻은
하모니카가 매달려 있다

부모

화려했던 봄날도
따뜻한 줄도 모르고
춥기만 했던 시절

비구름 속에서
조금씩 내어주던 단비는
화초들의 보약이었지

꽃잎이 피어날 때마다
낙엽은 한 잎씩 지는 걸
타인 보듯 통증이 모르네

아버지의 사랑

딸아이의 간식
고구마를 삶는다
울컥 가슴이 체한다

학교 갔다 온 아이
배고플까 고구마 쪄 먹인
엄마와 다투셨지
고구마를 왜 쪘는지

베지밀 사 들고
대문에 들어서면
환한 웃음으로
나비가 춤을 추는 듯하다

젊은 날 멋졌던 보조개의 뺨이
싫어진다

그렇게도 크셨던 분은
작은 아이가 되어 가고 있다
눈물도 없는 줄 알았다
내 아버지는

어머니

천년만년 살아온 듯
미소 짓는 그 임 얼굴
인생살이 쓰디쓴 약
녹여 가며 살아왔네

바람 같은 세월 속에
깊게 파인 주름들은
위로받을 눈물조차
허락됨이 없었던 날

호락하지 않은 삶은
등잔에 핀 꽃을 보며
놋쇠 그릇 쇠고 지름
태우면서 걱정 녹여

뒤집어쓴 광주리는
자식 위해 별을 따고
남편 위해 달 태우고
사계절을 꽃피웠지

낡고 낡은 황혼 미소
희미하게 자리 잡은
검버섯은 세월 속에
반복되는 가녀린 꽃

그녀의 삶

넓고 넓은 황금 밭을 마다 않고
자식 위해 흘린 땀은 하얀 미소
청아하다

농염으로 훨훨 날아 떠나간 임
길모퉁이 그을린 까만 굴뚝은
찔레꽃 한 송이

자식들의 희노애락
가슴속에 그려지는
고운 모습 내 어머니

그리운 임 고운 자태
자식 걱정 어찌 살꼬
품어 오는 찌든 삶들은
아름다운 행복

어머니의 노동

한 해의 시작으로
우리들 마음속에 모든 일
성취하는 희망찬 새해를
맞이하고 부모님 찾아뵙는
명절은 어머니의 고단한
하루하루

자식들 온다는 설렘으로
힘든 일은 마다하지 않고
작은 몸짓은 봄날에 연둣빛
피어나듯 생동감이 넘치고
주름진 얼굴은 활짝 벌써
화사한 봄꽃들이 벌써 피었다

가녀린 다리로 분주한
그녀의 손맛은 언제까지일까
오랫동안 몰랐던 이제야
철이 든 자식은 애처롭기만 하다
어머니의 노동은 명절이었다
지칠 줄도 모르고

조미료를 첨가하는 아버지의
어설픔도 포근한 화롯가
찬 바람에 얼어붙은
몸들을 녹이며 모여든다
소소한 행복으로 어머니의
살냄새를 맡으며 즐겁기만 하다

어머니의 훈장

오랜 세월 동안 놓지 못한
가슴속에 불타오른 소망
푸르던 잎새가 아니지만
가슴에 꿈틀거린 작은 촛불

보기만 해도 설레었던 그곳
진달래 학교를 수놓고
빛을 품은 희망이 살아 있기에
들꽃의 향기로 한여름 땀을 달랬지

자식 앞세워 걸어온 고단한 길
주름진 세월의 웃음은 빛이 나네
바람 속에서 꺼지지 않는 호롱불은
견디고 견디어 화등이 되었구나

조청

어릴 적 외갓집 할머니의
토방 양지 모서리는
손주의 정거장

벽장 속 깊이 숨겨 둔
꿀단지
감질났던 수저 끝은
동생이 먹고 남은 단맛은
오랫동안 입 안에 머물렀지

착각 속에 작은 몸짓의
어머니는 장작불을 태우고
가마솥의 엿기름의 달달함으로
주름 꽃은 화사하다

곧 다가오는 명절
오로지 귀한 장손을 볼 수 있는
기다림은 연기 속에 고통을 안고
분주한 모습은 영락없는 외할머니

졸업 여행

꽁꽁 얼었던 겨울 속에
한 숨의 불씨 모아
사랑 한 그루

낯설고 힘들었던 날들
굽어진 세월의 주름 속에
꽃을 세어 심고

아름다운 열매 속에
즐거움을 맛보는 동행길
마냥 행복하기만 하다

봄바람 속에
뾰족이 올라온 녹색은
이미 겨울을 보내며 미소 짓는다

호연지기

낯선 도시에
모든 것들을 소유하고
사랑을 가슴에 안았지만

서로서로의 낯설음을
빗길로 다져지고 굳어진
사랑은 애증이 되고

깊게 박힌 초록 나무
뿌리 속에서 뻗어진
흔들림이 없음을 감사한다

딸아이

하얀빛 반짝이며
사뿐히 내려앉은
작은 눈꽃 송이

맑고 투명한 보석은
날 닮은 작은 몸짓
바람도 숨죽였지

넓고 넓은 세상
잠깐의 화려한 유혹
어찌 살아가야 할까

끝이 없는 사랑
질리지 않은 꽃은
바람 불까 비 올까

세월이 힘들어도
호락하지 않은 인생
걱정 속에 피어나는 꽃

그때는 몰랐어요

꽃이 한없이 피어날 때
꽃잎은 지는 줄 모르지

민낯의 얼굴들
아름다운 꽃이거늘
진한 화장 덧칠해도
앳된 얼굴 소롯한데

그때는 왜 몰랐을까
순수함으로 초로에
반짝임을 알 때는
이미 사용할 수 없지

삶

봄 여름 가을
그리고 사랑
하나 둘 셋
여기까지밖에

더 갈 수 없는 길
굽은 허리에 세월은
속도를 내고야 만다

녹여 보기도 하고
얼려 떼어 놓으려 하면
더 무거운 탑을 쌓는다

세월 _ 봄 여름 가을 그리고

어쩔 수 없지

녹색 잎 푸르던 길
아낌없이 내어주던
강건함이

세월에 말없이 핀
주름 꽃 속에
낙엽은 길을 잃고

굵은 빗방울들이
오던 길 열어
손짓해도

메마른 나뭇가지
자꾸 서쪽을 향해
해맑게 웃는다

참아야 돼

연둣빛 이슬들을
방울방울 가슴에 꿰어
멍이 녹슬어도
푸른 숲을 가꾸었네

편히 기댈 수 있는
풍요로운 나무숲 사이로
살짝이 비친 노을 앞에
휘어진 허리는 행복하기만 하다.

시, 당신의 노래 _ 사랑 그리고 노래

구절초

밤새워 기다리던 임이었을까
바람이 이슬모아 곱게 씻기어
푸른숲 하얀송이 눈이 부시네

맑게갠 가을하늘 품어 오르고
귓가에 들려오는 임의 목소리
하얀임 미소속에 넘치는 사랑

순수한 사랑으로 가슴 부풀때
슬픔이 차오르는 이별 앞에서
뒤돌아 눈물짓는 가을 여인아

서산에 걸쳐울던 노을 사이로
하얗게 서리내린 들녘 저끝은
우리의 향기로도 견딜수 있지

우리의 추억으로 견딜수 있지

사랑
그리고 노래

그리움 가득 물들여지는 날
보이지 않는 너를 그려 본다

희미해진 머릿속에 추억을 담고
모든 시름 안고 그대 곁에 달려가
가슴 아프게 문을 두드린다

사랑아
보고파서 그리워서 불러 보는 임

목이 메어 가슴 가득 열어 울리면
포개어진 꽃잎 속에 웃고 있는 임
맑은 옥구슬 되어 또르르

작은 마음 하나 정제된 시간 속에
그대 그려지는 시간들 바람 탄다

작은 심장 하나 전율은 울려 퍼져
그대 행복한지 소리 내어 문을 두드린다

사랑

분홍빛 햇살이 따사로운 날
그대의 사랑이 깊게 물든 날
단 한 번 주고픈 사랑이라면
너에게 사랑을 불태우겠어

어쩌다 내게 온 우리의 사랑
채워도 부족한 우리의 사랑
슬퍼진 마음은 그리워져도
그대가 있음에 꽃을 피우지

서릿빛 중년의 붉은 노을은
이별의 아픔이 두려웁지만
행복을 그대에 줄 수 있다면
더 많은 사랑에 불태우겠어

당신

날마다 시작되는 일상속에
훅하고 들어온임 내사랑아
눈뜨면 제일먼저 생각나고
어느새 다가가서 입맞춤해

세상의 아름다움 다가진임
힘겨워 지쳐가도 당신있어
순한양 마술걸려 질주해요
아나요 당신있어 숨쉬는걸

오늘도 입김으로 물들여요
사랑의 충전으로 넘치는힘
핑크빛 내맘채운 우리사랑
세월이 늙어진다 슬퍼마요

당신의 불씨들을 모아모아
사랑의 붓을들어 지휘하며
온기로 달궈지는 사랑노래
영원히 불러가요 영―원히

웅비하는 완주

수많은 사람들 진리 속에서
모악산 정기를 흠뻑 맞으며
따스한 태양은 길을 밝힌다

때로는 고난과 역경 속에서
찬바람 둥지속 기웃 거리고
세월의 비탈길 허덕 일때면

사랑과 희망은
완주를 찾는다

오솔길 거니는 풍경 속에서
들꽃은 살며시 사랑 키우고
온누리 산하에 꽃을 피우고

어머니 같은품
완주에 기대네

완주 사랑

넓은 들판에는 농부들의 풍성함으로
세월 속에서도 잔주름은 꽃을 피우고
하얀 버선발로 걸어온 길 내 고향 완주
거리거리마다 우리 혼이 숨 쉬는 완주

그녀와 벚꽃 속에 숨긴 젊은 추억
그리운 고무신은 다들 어딜 갔나
노을빛 손 흔들고 살다 지치거든
오세요 우리들의 고향 엄마 품이오

하늘과 땅속 깊이 뿌리 내려진 산과
동상면 강물 안고 굽이 흐른 삶들은
사랑과 희망으로 가득 채워진 완주
영원한 이 시대의 완주 빛나는 태양

달빛 추억

저 먼 하늘 가득한 추억 하나
찻잔 속에 그리움
아팠던 상처

뭉게구름 살며시
감싸 준 임의 향기

가슴에 안은
파릇한 풀꽃 나비 한 마리

비춰진 햇살 감춰진
만날 수 없는 그대

밤하늘에 달무리
그리움에 수를 놓고
채울 수 없는
달빛은 눈을 감아 버렸네

새만금

하얀 가슴 토해 냈던 부안의 넓은 품
군산의 수평선을 휘감아 꽃피운
새로운 도약 광활한 바다
삼십 년 나뉘었던 동진강 만경강
새 희망을 한 몸으로 둥지를 틀었으니
봄빛 찬란한 설렘으로 쏘아 올린
여명이 밝아 온다

고운 힘 우리 모아 축배를 올려서
새로운 사랑으로 열매를 맺어요
이 땅의 행복한 삶 후회 없는 비단길
새 희망 사랑으로 우리의 아리울
봄빛 찬란한 태양으로 쏘아 올린
여명이 밝아 온다

아카시아 피던 날

행복한 춘몽에 비는 내리지 마라
이 가슴 아파

아카시아 꽃잎 타고 떠난 내 임
바람에 유혹은
한 시절 화려한 꽃잎 시들어
발걸음 멎었네

꽃 지고 별도 지고 희미한 화등 하나
부둥켜 애달프다

바람에 흩어진 잎새를 부둥켜안고
눈물이 쓰라린 모진 세월 희망으로
품어 왔지만 푸근한 모성애 그립다

그리움에 지쳐 오늘도 가슴 후비다
바람 타고 구름 뒤편으로
환한 미소 지으며 올까 기다린다

이제는 아스라한 기억 저편에 빛바랜 사랑
슬퍼도 그리운 추억 회상하며
그 자리에 서 있는 나

섬진강에 그 사람

겨울 햇살에 바람은 온몸을 싣고
눈부시게 반짝이는 강물은 그 옛날
사랑했던 사람과의 속삭임

해맑은 당신의 웃음소리 여전하고
행복했던 가슴은 강물에 뛰어노는
물고기와도 같았지

얼음 얼고 금이 가고 녹으면
내 임 보일까
잔잔한 물결 타고 떠나 보네

산기슭마다 숨긴 사연들
봄 여름 가을 결빙(結氷)된 겨울이어도
하얀 서리는 자꾸만 불꽃을 피운다

사랑하고 싶어요

사랑하고 싶어요
들뜬 마음으로 하루를 살아요
봄 햇살 꽃잎들이 툭 하고 터지네요
서둘러 우리 먼저 마음의 문 열어요

사랑하고 싶어요
생각 복잡한 건 이제는 버려요
바람이 구름 속을 몇 번을 갔었을까
품지도 만질 수도 없는 건 욕망일 뿐

젊은 날이 아니어도
기쁜 날이 아니어도

투명한 마음으로 편안한 하루
가득한 사랑으로 채워진 하루
꽃나비 향기롭게 춤추는 하루
중년의 사랑으로 걸어요 함께

사랑하고 싶어요
가슴 시리게도 매달린 이별은
눈물에 지문들이 없어져 힘겨워도
당신이 있는 지금 별빛보다 빛나게

사랑하고 있어요